DINERO Y NEGOCIO

ADMINISTRANDO DESDE UNA
PERSPECTIVA ECONÓMICA

A los que creen en la prosperidad económica y la buena voluntad,
a los que sienten la aventura del espíritu empresario

Acerca del autor

Licenciado en Psicología por la Universidad de La Habana (1998) Máster en Administración (2013)

Preparador mental de deportistas de alto rendimiento (Cuba) Director de Recursos Humanos, Calidad e Inversiones en el sector petrolero. Vicepresidente del Grupo Industrial Siderúrgico ACINOX. Consultor de empresas.

Autor de variadas publicaciones relacionadas con la excelencia empresarial.

Contacto:

rodecastellanos@gmail.com

https://www.linkedin.com/in/rodeloy-castellanos/

Prologo

Este libro es un compendio de muchas de las cuestiones a tener en cuenta cuando intentamos administrar la economía de un negocio.

No fue escrito desde la perspectiva de un contador, sino del empresario, dueño o administrador profesional. Usted encontrará ideas frescas y ordenadas de la manera como acostumbramos pensar, siguiendo un hilo conductor de preguntas que interrogará todas las aristas relevantes del negocio.

Puede funcionar como texto de cabecera, a consultar cuando deseamos aclarar una idea o buscar una buena pregunta. También le permitirá comunicar estas nociones a los más jóvenes, sabiendo que una buena educación económica es ya una necesidad de estos tiempos, no un provilegio.

Con **Dinero y Negocio** aprendemos a administrar y descubrimos qué pedir a quien nos lleva nuestros libros contables. El análisis económico-financiero es muy rico pero usualmente no le extraemos el beneficio.

La diferencia entre un negocio y cualquier otro tipo de organización es que este fue pensado y creado para generar ganancias y hacer que el efectivo llegue a nuestras cuentas. Precisamente las dos cualidades que definien lo que entendemos como **posición económica** (capacidad de generar ganancias) y **situación financiera** (capacidad de tener dinero) del negocio.

Por lo general damos especial atención a la posición económica, ¿estamos ganando dinero?, pero también *descubrimos* que tener con que pagar hace la diferencia entre un negocio en marcha y uno quebrado.

En este sentido ambos aspectos son igual de importantes y aquí vamos a precisar cuáles son las preguntas que necesitamos hacernos y cómo responderlas para diagnosticar la salud económica y financiera del emprendimiento con el que nos involucramos.

Sean estas páginas una contribución en pos de la mejor administración. Estoy convencido que un negocio bien gestionado aporta de muchas y multiples maneras al éxito económico y la prosperidad social.

Rodeloy Castellanos Cruz
Cutler Bay, Florida. Septiembre 2018

Índice

Prologo 4
Índice 6
Capítulo 1: Análisis de las Ventas 8
¿Mis ventas crecen, se mantienen estables o disminuyen? 8
Capítulo 2: Análisis de la Ganancia 13
¿Estamos ganando dinero? ¿Obtenemos el beneficio que esperamos? 13
Capítulo 3: Análisis de los Costos 21
Gastos y Costos: dos conceptos importantes 21
Tipos de costos y conceptos relacionados 22

Costos de producción 22

Gastos operacionales 23

Costos directos e indirectos 23

Costos unitarios 24

Costos fijos y variables 24

Costo marginal 25

Costos de oportunidad 26

Costos de subactividad 27

Beneficios contables Vs. Beneficios económicos 28

Necesidad de un plan. Mi Presupuesto 29

Punto de equilibrio 30

Método de ecuacion de ventas 31
Método gráfico 33
Capítulo 4: Rendimiento de mi inversión 35
Capítulo 5: Rendimiento financiero 38
Brecha entre la Rentabilidad Económica y la Rentabilidad Financiera 43

Razones de Apalancamiento 44
Capítulo 6: Disponibilidad de efectivo 45
Razones de Liquidez 45
Liquidez General 45
Liquidez Inmediata o Prueba Ácida 46
Liquidez Inmediata 46
Razón de Solvencia 47
Equilibrio Financiero 48
Capítulo 7: Fondo de maniobra 49
Capítulo 8: Eficiencia operativa 50
Ciclo de conversión de efectivo 50
Conclusiones 52

Capítulo 1: Análisis de las Ventas

¿Mis ventas crecen, se mantienen estables o disminuyen?

El punto de partida de cualquier análisis económico del negocio es, evidentemente, las ventas. Si no vendemos dejamos de existir. **Nuestro indicador económico más importante son las Ventas.**

Las ventas son, justamente, el punto de contacto entre las perspectivas Comercial y Económico-Financiera[1].

Si nuestras ventas se han estancado o decrecen tendremos que entrar a realizar rápidamente evaluaciones comerciales: ¿El mercado está creciendo, se encuentra estancado o declina? Cuestiones básicas que hacen alusión al ciclo de vida de nuestros productos y servicios.

Si nuestras ventas se comportan del mismo modo que el mercado, simplemente tenemos que revisar nuestra estrategia y tener cuidado en proyectarnos respetando las condiciones del mercado[2] (por ejemplo, un mercado en declive requiere de una estrategia de cosecha y desinversión, un mercado maduro requiere estrategias de diferenciación o liderazgo en costos)

---

[1] Todo negocio puede y debe verse en cuatro perspectivas: Comercial, Económico-Financiera, eficacia de Procesos internos y Desarrollo del talento. En este libro vamos a ocuparnos esencialmente de la perspectiva económico-financiera.

[2] En mi libro "Estratega. Pensamiento, herramientas y acción" dedico un espacio importante a conocer mejor esta idea del **ciclo de vida** de los productos, servicios y mercados, así como a la necesidad y método para adecuar estrategia y estadio del mercado.

Por el contrario, si el mercado crece y las ventas están experimentando una meseta esto indica que estoy perdiendo cuota de mercado, que nuevos competidores ganan espacio.

Si mis ventas vienen cayendo dentro de un mercado en alza, se impone revisar la calidad de nuestra oferta, nuestra estrategia de precios y distribución, el estado de satisfacción del cliente, pues nos encontramos a un paso de ser sacados del juego.

Estos análisis puramente comerciales podemos reservalos, por su importancia y especialidad, para un trabajo dedicado expresamente a ello[3].

Vamos a suponer ahora una situación que todos deseamos: nuestras ventas crecen.

Usualmente cuando nuestros números de venta indican incremento, vamos a celebrar. Sin embargo este resultado puede resultar engañoso.

¿Crecen mis ventas como efecto de mayor producción o debido a variaciones en los precios de mis productos?

Cuánto influyen los cambios de precios en mis ventas es un cuestionamiento básico que todo empresario debe manajar.

Si los precios de venta han tenido cambios de consideración es evidente que se pierde la posibilidad efectiva de comparar los niveles de ventas actuales respecto a un período anterior.

---

[3] El análisis estratégico comercial, el uso de pantallas de negocios y matrices como las desarrolladas por Boston Consulting Group o McKinsey para evaluar el balance de nuestra cartera de productos es un tema tan fundamental como apasionante. Es por ello que le dedicaremos un trabajo aparte.

En este caso nuestro primer paso es establecer el **precio de ventas promedio** para el período que evaluamos.

Suponiendo que tenemos una gama de productos, que sería lo más normal, pongamos datos en una tabla a modo de ejemplo:

Producto	Cantidades vendidas	Precio de venta	Importe
A	100	4.00	400.00
B	70	10.00	700.00
C	500	2.00	1000.00
	670		**2100.00**

Al calcular el precio promedio no vamos a calcular una media aritmética sino una **media ponderada** que tiene en cuenta las cantidades de productos que se han vendido en cada precio. Esto por supuesto es razonable. Para los datos de la tabla:

Precio promedio aritmético: $\dfrac{(4.00 + 10.00 + 2.00)}{3} = 5.33$

Precio promedio ponderado: $\dfrac{2100.00}{670} = 3.13$

Podemos observar la diferencia en los resultados. El precio promedio ponderado refleja el efecto de que la mayor cantidad de unidades vendidas pertenece al producto C, que es el de menor precio.

Con el precio promedio es fácil calcular el porciento de incremento de los precios y ajustar las ventas para lograr una interpretación justa de los resultados.

Supongamos que estamos comparando primer y segundo trimestre del 2018. El precio promedio ponderado del primer trimestre fue de 2.20, y en el segundo trimestre será el valor que calculamos, 3.13.

$$\% \text{ de incremento} = \frac{\text{Precio promedio actual}}{\text{Precio promedio anterior}} \times 100 - 100$$

$$\frac{3.13}{2.20} \times 100 - 100 = 42{,}3\ \%$$

Veamos cómo queda el análisis de nuestras ventas, partiendo de datos hipotéticos que nos den crecimiento en el segundo trimestre:

Datos no ajustados	2do trimestre	1er trimestre	Variación
Ventas	10000.0	8000.0	**25.0 %**
Datos ajustados			
Ventas	10000.0	11360.0	**-12.0 %**

Sin atender al efecto de la variación de precios, nuestras ventas crecieron un 25 %. Ahora, cuando ajustamos los valores de ventas del primer trimestre incrementando un 42 % las ventas por efecto del incremento de los precios (para esto multiplicamos 8000.0 x 1,42. De esta forma es como si hubiéramos vendido al mismo precio en los dos períodos) observamos entonces que nuestras ventas del segundo trimestre han decrecido en un 12 %.

¡La conclusión es totalmente diferente! El incremento de los precios escondía el hecho que estamos vendiendo menos productos. A partir de aquí habrá que hacer el análisis comercial pertinente pues corremos el riesgo de estar perdiendo competitividad.

Y perfectamente podría suceder al revés. Observar decrecimiento en ventas que vienen seguidos de bajas en los precios y cuando ajustamos los datos nuestros niveles productivos, en tanto cantidad de unidades vendidas, no han caído. En ese caso de igual modo le llega su momento al análisis comercial pues la disminución en los precios puede responder a un mercado más competitivo y fragmentado, a un declive en el ciclo de vida del producto acompañado con productos sustitudos que restan valor percibido a nuestra oferta, etc.

El análisis de los precios y su impacto en las ventas es el principal insumo que el análisis económico nos ofrece cuando indagamos sobre las ventas.

¿Cuál es el mejor modo de presentar este importante análisis? Recomiendo tabular la información y diseñar un gráfico al estilo de una linea temporal donde pueda fácilmente apreciarse la tendencia observando mes a mes, trimestres, semestres y años.

Una linea temporal de las ventas mejora mucho nuestra comprensión del tema. A continuación les muestro un ejemplo de gráficación de ventas asociando los niveles de ventas a las distintas etapas de un ciclo clásico de vida de productos.

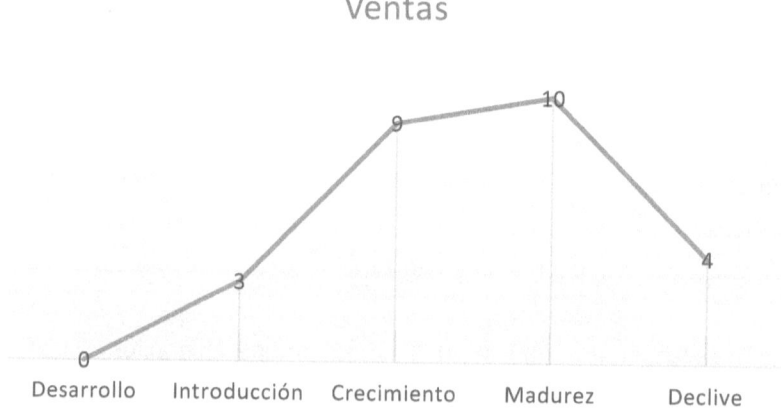

Capítulo 2: Análisis de la Ganancia

Seamos optimistas, escojamos el mejor escenario: nuestras ventas muestran crecimiento y esto no es por efecto de precios, sino porque estamos creciendo intensivamente, en otras palabras, estamos generando más productos y servicios. Ahora bien:

¿Estamos ganando dinero? ¿Obtenemos el beneficio que esperamos?

Estas preguntas se encuentran en la superficie de nuestro razonamiento. Queremos saber si el negocio da beneficios. Perfectamente usted puede estar vendiendo más, pero ganando menos o incluso caer en pérdida.

Existen dos sencillas maneras de ganar más dinero: vender más, o gastar menos (rebajar los costos de ventas y gastos operacionales)

¿Cómo calcular la ganancia que aquí nos interesa? (**Utilidad antes de Intereses e Impuestos**) Este es un cálculo bastante sencillo que va mostrando resultados a distintos niveles:

> **Ventas Brutas**
> − Devoluciones y Rebajas en ventas
> **Ventas Netas**

> **Ventas Netas**
> − Costo de Ventas o Producción
> **Utilidad Bruta en Operaciones**

> **Utilidad Bruta en Operaciones**
> − Gastos de Operaciones[4]
> **Utilidad Neta en Operaciones**

> **Utilidad Neta en Operaciones**
> + Ingresos Extraordinarios − Gastos Extraordinarios[5]
> **Utilidad antes de Intereses e Impuestos**

La Utilidad antes de Intereses e Impuestos es quien indica la posición económica de nuestro negocio[6]. A este nivel de resultado, si los números son positivos, podemos afirmar que el negocio da ganancia.

Sugiero como principio de análisis que dispongamos de un gráfico donde podamos apreciar el comportamiento de la ganancia, mucho mejor si se ve relacionada con las ventas. Utilizando el gráfico del capítulo anterior podríamos tener lo siguiente.

---

[4] Gastos de Operaciones = Gastos de Distribución y Ventas + Gastos Generales y de Administración + Gastos Financieros.

[5] Ingresos y Gastos Extraordinarios se refiere a Donaciones, Sobrantes, Gastos de Eventos, etc.

[6] La Utililidad después de Intereses e Impuestos, la ganancia que se reinvierte o distribuye entre los dueños, la estudiaremos en un próximo capítulo cuando evaluemos el papel potencialmente positivo o negativo del endeudamiento.

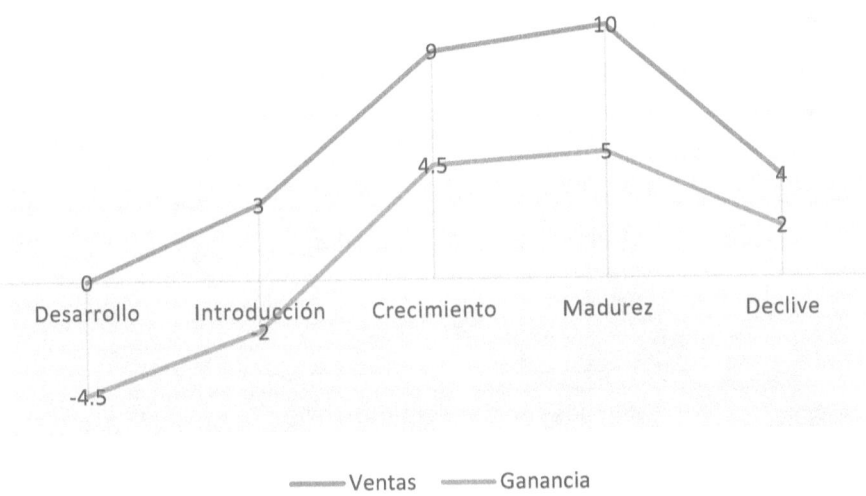

Este es un esquema clasico. Puede apreciarse que el negocio arroja pérdidas durante su etapa de desarrollo y lanzamiento al mercado para luego comenzar a aportar beneficio.

A la hora de comparar el desempeño del negocio entre un período y otro, los valores monetarios de la ganancia pueden confundirnos y resultar confusos.

Continuemos con el ejemplo que vimos en el primer capítulo.

	2do trimestre	1er trimestre	Variación
Ventas	10000.0	8000.0	25.0 %
Ganancia	1000.0	900.0	11.0 %

A primera vista se observa que las ganacias crecieron un 11.0 %. Esto parece bueno, el negocio está capitalizando.

En cambio, debemos fijarnos siempre si la ganacia crece en la misma medida que crecen las ventas. Si el porciento de crecimiento de la ganancia es superior al porciento de crecimiento de las ventas, decimos que el negocio posee un buen **apalancamiento operativo**, tiene la capacidad de multiplicar los beneficios de una manera más que proporcional al crecimiento de las ventas.

Podemos calcular el Apalancamiento Operativo, de manera que podamos ir comparando el comportamiento de este indicador. La fórmula es la siguiente:

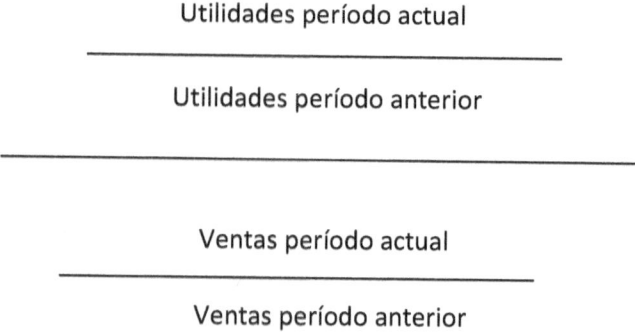

Cabe decir en este momento que a mayor apalancamiento operativo, mayor capacidad del negocio de enfrentar y administrar el riesgo comercial (pérdida de clientes, cambios de precios, etc.) Un **Apalancamiento > 1 es un resultado favorable**.

En nuestro caso las ventas crecieron un 25 % y las Utilidades sólo un 11 %. No tenemos buen apalancamiento operativo, apenas 0.89. Tendremos que revisar nuestros **Costos**.

	2do trimestre	1er trimestre	Variación
Ventas	10000.0	8000.0	**25.0 %**
Ganancia	1000.0	900.0	**11.0 %**
Apalancamiento Operativo		0.89	
Costos de venta Gastos Operacionales	9000	7100	**26.8 %**

En efecto, si las ventas crecen un 25 %, pero los costos lo hacen en un 26.8 %, ese 1.8 % de desproporción entre las ventas y los costos provoca que la ganancia se quede sólo a un 11 % de incremento.

Nos percatamos que el tema de los costos tiene una importancia central, tienen un efecto multiplicador sobre la ganancia. Por esa razón cuando avaluamos la ganancia conviene descomponer nuestros Costos de Venta y los Gastos Operacionales en al menos tres partidas, a saber: Consumo material, Servicios comprados (servicios que compramos para asegurar la venta), y Gastos de salario. Generalmente esta desagregación de nuestros gastos resulta suficiente para comprender el comportamiento de nuestros costos. Ampliando la tabla tendríamos:

	2do trimestre	1er trimestre	Variación
Ventas	10000.0	8000.0	**25.0 %**
Ganancia	1000.0	900.0	**11.0 %**
Apalancamiento Operativo		0.89	
Costos de venta Gastos Operacionales	9000	7100	**26.8 %**
Consumo material	3000	4000	-25.0%
Servicios Comprados	3000	2000	50.0%
Gasto de Salario	3000	1100	172.7%

Estos valores hipotéticos nos estarían diciendo que el incremento en nuestro costo no tuvo que ver con que compráramos más recursos materiales para producir. Y aunque nuestro nivel de servicios comprados para asegurar la producción y venta creció, es sin duda el alza de los gastos de salario, a un 172.7 %, el que explica mejor (*Principio de Pareto*) por qué la ganancia no fue tan buena como las ventas debilitando el apalancamiento operativo del negocio.

Ningún resultado es bueno o malo per se, se tendrá que valorar si en este caso el crecimiento en los gastos de salario es estratégicamente justificado.

Otro análisis importante cuando evaluamos la ganancia del negocio es calcular una razón o relación económica bien popular: el **Margen sobre las Ventas**. Se calcula:

$$\frac{\text{Utilidades antes de Intereses e Impuesto}}{\text{Ventas Netas}}$$

	2do trimestre	1er trimestre	Variación
Ventas	10000.0	8000.0	**25.0 %**
Ganancia	1000.0	900.0	**11.0 %**
Apalancamiento Operativo	0.89		
Costos de venta Gastos Operacionales	9000	7100	**26.8 %**
Consumo material	3000	4000	-25.0%
Servicios Comprados	3000	2000	50.0%
Gasto de Salario	3000	1100	172.7%
Margen sobre las Ventas	0.10	0.11	**-11.1%**

Visto en la tabla comprobamos que, si bien la ganancia creció un 11 % respecto al trimestre anterior, el margen de ganancia del negocio disminuyó precisamente en − 11.1 %. Qué dato tan curioso que por no calcularlo incurrimos en evaluaciones deficientes.

En el 1er trimestre de nuestro ejemplo ganabamos 11 centavos por cada peso de ventas, en el segundo ganamos 10 centavos. Dicho de otra forma, dejamos de ganar 1 centavo por cada peso de venta.

Una aplicación práctica. Un centavo dejado de ganar por cada peso de venta representa monetariamente en este caso 100 dólares (1 x 10000 / 100)

Tenemos ya un conjunto de precisiones importantes. La tabla anterior podemos montarla en excel y trabajar con ella de rutina al cierre de mes, trimestre, o el período que nos interese analizar. Se hace muy rapido y el valor es automático.

Una última consideración. Al igual que los precios de venta, los precios de compra de nuestras mercancías, materias primas y materiales pueden afectar nuestra percepción de la ganancia como medida real de eficiencia del negocio.

En efecto, si el costo es tan importante como veíamos, la ganancia puede crecer o disminuir en función de que los precios de compra de nuestros insumos disminuyan o aumenten.

¿Cómo ajustar nuestra Utilidad para poder efectuar comparaciones válidas entre períodos diferentes?

El método es muy similar al ajuste de ventas. Primero calculamos los precios de compra promedio. Supongamos que como promedio los precios de compra aumentaron un 10 %.

Vamos a hacer algo que en economía se llama **deflactar el costo**. Podemos deflactar cualquier período, para ilustrar utilicemos el segundo trimestre, al 10 % (que es el por ciento de incremento de los precios de compra)

La expresión matemática de la deflactación es:

$$\frac{\text{Costo a precios corrientes}}{(1 + \text{\% de incremento de precios})}$$

$$\frac{9000}{(1 + 0.10)}$$

Datos no ajustados	2do trimestre	1er trimestre	Variación
Costos de venta Gastos Operacionales	9000	7100	**26.8 %**
Datos ajustados			
Costos de venta Gastos Operacionales	8181.8	7100	**15.2 %**

Una vez que ajustamos teniendo en cuenta el aumento de los precios de compra, vemos que los costos de venta, a precios del período anterior, solo se habrían incrementado en un 15.2 % (no un 26.8 %) Esta precisión puede cambiar mucho las decisiones que tomemos.

Capítulo 3: Análisis de los Costos

El costo efectivamente puede impactar de manera directa en nuestras ganancias. Es una de las variables implicadas (hemos visto hasta ahora volumen de ventas, precio y costo). Por esta razón un empresario ha de acostumbrase a realizar continuamente análisis costo-beneficios. Hablar en términos de factibilidad económica: hacemos lo que nos da buenos resultados.

En este sentido estaremos alertas a los llamados costos de oportunidad que mencionamos antes: el dinero es un recurso escaso (por esto le denominamos *económico*[7] y cuando decidimos emplearlo en algo estamos a la vez asumiendo donde no emplearlo y a qué beneficios renunciar (lamentablemente muchas veces no somos concientes de esto)

A medida que entendamos este *mundo de los costos* podremos comprender, entre otras cosas, el efecto de los costos fijos, calcular el punto de equilibrio del negocio y reconocer la estructura de costos de la empresa, aspectos todos centrales si se quiere ganar dinero.

Gastos y Costos: dos conceptos importantes

Gastos: Un gasto se origina cuando sacrificamos un activo (sea dinero, materias primas, infraestructuras, etc.)

---

[7] Una posible definición de Economía que realmente prefiero afirma que esta es la "ciencia de los recursos escasos" (Son económicos en tanto escasos. Si tuviéramos de sobra no haría falta la Economía).

Costos: Se forman por la agregacion o sumatoria de diferentes gastos. Es decir, es el monto erogado para generar un producto o servicio, entendiendo por erogar el pago o la aceptacion de una deuda.

Estos dos conceptos nos encaran a la necesidad de ser eficientes. Gastos superfluos, que no aportan valor al cliente, suman costos innecesarios que afectaran la ganancia u obligaran a incrementar precios, lo cual probablemente termine reduciendo nuestra cartera de cliente y disminuyendo igualmente las utilidades.

Existe una técnica denominada *Análisis de la Cadena de Valor* que fue pensada justamente para esto: eliminar todos los gastos innecesarios, sea por desroche o por desear producir ciertas cualidades en el producto o servicio que a ojos del cliente no estaría dispuesto a pagar más por ellas.

Tipos de costos y conceptos relacionados

En sentido general, contar con una adecuada clasificación de nuestros costos nos permite optimizar la gestión contable. Los siguientes conceptos nos orientan hacia dónde prestar atención, a la par que ofrecen un esquema comprensivo de todo lo que viene a comformar el complejo **Sistema de Costos** del negocio.

Costos de producción

Costos primarios: Se refieren a los materiales que se consumen de manera directa en los procesos vinculados a la actividad principal del negocio, sea producción o servicios, y los gastos de mano de obra directa que intervienen en estos procesos.

Costos de transformacion: Como indica su nombre son los gastos incurridos en la conversión de materias primas y materiales en productos terminados.

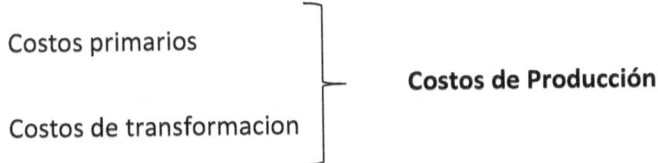

Gastos operacionales

Gastos generales de administración: Se consideran todos aquellos gastos en que se incurre para asegurar la dirección general del negocio (sueldos, material de oficina, alquiler de locales, electridad, comunicaciones, etc.)

Gastos de comercialización: Gastos vinculados a la función de comercialización de los productos y servicios (salarios, comisiones, almacenaje, distribución, publicidad, etc.)

Costos directos e indirectos

Costos indirectos: Son aquellos costos que no se identifican directamente con los objetivos productivos del negocio, de hecho su asignación puede hacerse compleja y se requiere establecer algun criterio de repartición que denominamos prorrateo (podríamos, por ejemplo, decidir asignar del total de los gastos generales de administración un 60 % al producto A y el resto al producto B, teniendo en cuenta la composición de la cartera de productos de la empresa)

Costos directos: Equivale a los costos primarios, los materiales y mano de obra directa.

Resulta especialmente recomendable identificar la naturaleza directa o indirecta de nuestros costos y reducir al máximo estos últimos. Un correcto diseño de la estructura organizativa del negocio, con poco personal administrativo o apelando a la subcontratación de estas funciones, puede permitir conseguir esta meta.

Por supuesto, un costo por ser directo no significa que no deba revisarse detalladamente pues frecuentemente esconde posibilidades de optimización.

Costos unitarios

Este tipo de costo refleja lo que nos cuesta producir una unidad de producción o servicio. Es un valor promedio obtenido al dividir el costo total entre la cantidad de productos o servicios producidos. Es un índice sumamente importante para medir la eficiencia del negocio. Disminuirlo sin afectar calidad debe ser siempre un objetivo de la gerencia.

Si el costo unitario sube, la ganancia baja y tendremos que encontrar qué elementos de gastos explican mejor esta pérdida económica.

Costos fijos y variables

Costos variables: Este costo varía de acuerdo al nivel de actividad que se desarrolle. A más producción o servicios, más costo (los costos primarios, materias primas por ejemplo, son el mejor ejemplo de costos variables)

Costos fijos: Contrario a los costos variables, permanecen inalterables ante los cambios de niveles de actividad (el alquiler del local seguirá siendo el mismo vendamos más o menos. El compromiso de pago mensual de un activo financiado está en el mismo caso)

Para tomar buenas decisiones es vital clasificar los costos según su comportamiento. También es importante reconocer que a medida que aumenta el costo fijo el riesgo operacional del negocio también aumenta. Estaremos obligados a cubrir cierto nivel de ventas para poder pagarlos y evitar caer en pérdida.

Muchas empresas modernas, pequeñas, medianas y grandes empresas, han desarrollado sistemas de producción *Justo a Tiempo*. Fue Toyota quien desarrollo este enfoque donde todos los procesos productivos y de suministro se adaptan a solicitudes y lotes más pequeños y de esta manera intentan convertir en costos variables muchos costos tradicionalmente fijos.

Por supuesto, existen negocios que requieren de una mayor inversión en equipamiento e infraestructura, lo que denominamos factores productivos de largo plazo, y llevan intrínsecos altos costos fijos. Es algo que debemos saber reconocer, aceptar trabajar con este riesgo y explotar una cualidad distintiva de tales negocios, el efecto de *economía de escala*: a medida que crece la producción disminuye el costo unitario y mejora el beneficio marginal. Quiere decir, **a mayor riesgo mayor beneficio**.

Costo marginal

El costo marginal es el aumento que experimenta el costo total cuando se produce una unidad más de producción o servicio. Para afirmar que somos económicamente racionales tenemos que asegurarnos que el **beneficio marginal** (ganancia obtenida por producir una unidad más) sea superior al costo marginal. Este análisis va a darnos la oportunidad de descubrir hasta donde crecer.

Existe una ley en economía bien conocida: *"Ley de los rendimientos decrecientes"*. Eventualmente, sin modificar nuestros factores productivos a largo plazo, la productividad irá disminuyendo (desgraciadamente haremos menos con más). Antes que eso suceda, justo en el punto de inflexión, necesitamos una decisión fundamentada en la noción del costo y el beneficio marginal.

Costos de oportunidad

Aquello a lo que renunciamos para conseguir algo, es precisamente su costo de oportunidad. Es sumamente interesante esta lógica pues apenas alcanzamos a darnos cuenta.

Siempre que incurrimos en un gasto tenemos un costo de oportunidad oculto, ya no podremos utilizar esos recursos para comprar otros productos o servicios.

La perspectiva es reveladora, no se trata sólo del monto monetario, visto así el costo es engañoso. **¿A qué tendremos que renunciar por comprar esto?** "Adquirir esta propiedad me cuesta... mis vacaciones con la familia". Visto así puede que a veces el costo de oportunidad resulte enorme e inaceptable.

En este sentido resulta muy curioso el efecto de muchas pequeñas compras, por lo general no planificadas, parecen insignificantes vistas por separado pero se acumulan y nos privan más delante de un bien mayor y realmente necesario.

Si el costo de oportunidad existe siempre, puesto que el dinero es un recurso económico (escaso, no alcanza para todo), la cuestión es asegurarnos que tal costo sea factible, merezca la pena. Llenar un almacén de productos ociosos, que no tienen salida, se deprecian y requieren atención, implica un costo de oportunidad lamentable. Invertir en un equipo que nos ahorrará dinero por ser más eficiente o permitirá ofrecer más productos o servicios representa, totalmente diferente, un costo de oportunidad que vamos a aplaudir.

Costos de subactividad

Esta clase de costo es otro aspecto importante de lo que estamos tratando de entender.

Primero tenemos la necesidad de conocer cuál es la **capacidad máxima instalada** de nuestro negocio (cantidad máxima total de productos o servicios que podemos ofrecer *en condiciones normales*). Cuando no alcanzamos estos niveles predeterminados, que consideramos normales, se crea subactividad, un desaprovechamiento ciertamente dañino pues el rendimiento de nuestra inversión disminuye sin justificación.

Los costos de subactividad pueden calcularse, lo que nos permite cuantificar su efecto y fundamentar posibles decisiones.

Para determinar los efectos de la subactividad se restan a los Costos fijos del período los Costos imputables a la producción real.

$$\text{Costos imputables} = \text{Costos fijos del periodo} \times \frac{\text{Actividad real}}{\text{Capacidad máxima instalada}}$$

Supongamos los siguientes valores:

$$\text{Costos imputables} = 3000 \times \frac{10000}{15000}$$

Costos imputables = 3000 x 0.66

Costos imputables = 1980

Aplicando la formula de Costos de subactividad:

> Costos fijos – Costos imputables a la producción real

3000 – 1980 = **$ 1020.0**

En otras palabras, el aprovechar la capacidad instalada al 66 % (es el índice de aprovechamiento que obtuvimos) implica para el negocio un costo de subactividad ascendente a 1020 dolares.

Si la inactividad responde a roturas y mantenimientos a un equipamiento envejecido, el costo de inactividad entre otros elementos permitira tomar la decisión mejor (invertir en la compra de una nueva tecnología, tercerizar la operación, etc.)

Es un error pensar que la subactividad sólo se considera si hablamos de maquinarias y fábricas. Si podemos ofrecer 10 masajes al día o somos una agencia de cuidados al hogar con capacidad para 40 horas de servicio diario, lo que hagamos en realidad determinará nuestro costo de inactividad y por consiguiente nuestra pérdida económica.

Beneficios contables Vs. Beneficios económicos

La distinción entre estas dos clases de beneficios es en sí una profundización de este nuevo modo de pensar.

El término económico es mucho más amplio y profundo. Dicho de otra forma, podemos tener ganancias contables y pérdidas económicas. El contador nos dice que los libros reflejan una utilidad de diez mil dólares. Ahora, si hubieramos administrado más eficientemente nuestros recursos (optimizando la estructura de costos del negocio, optando por los costos de oportunidad más factibles, explotando al máximo la capacidad instalada, estableciendo una mejor estrategia de precios, cartera de productos y segmentos de mercado) nuestras ganancias pudieron haber llegado a los veinte mil dolares. En este caso decimos que tuvimos una **pérdida económica** de diez mil dolares.

Registrar el gasto y no pensar en la oportunidad que perdimos es lo que conduce a este sesgo tan común entre tantos administradores. Cambiar el enfoque va a revolucionar nuestra mente sin duda alguna.

Necesidad de un plan. Mi Presupuesto

Costos históricos: Los costos históricos son aquellos que hemos podido establecer posterior a haber ejecutado el gasto. Sabemos exacta y contablemente lo que nos costó.

En este aspecto es importante atender a las condiciones que rodearon nuestras compras pues el precio pudo afectarse por multiples factores (compras al detalle, mayoristas, promociones, urgencia e incapacidad de negociar, etc.) y para determinar nuestros costos históricos en calidad de herramienta de planificación estos han de ser representativos y aplicables al nuevo escenario en que trabajaremos.

Costos predeterminados: Estos son los costos que justamente determinamos *a priori*, con antelación a su ejecución. Para esto realizamos estimaciones partiendo del comportamiento estandar de los costos históricos y esta información debemos mantenerla actualizada.

En sí son un patrón de comparación que responde a un ejercicio previo de reflexión y busqueda de información y, por lo mismo, nos ayudará a ser proactivos evaluando toda desviación que se produzca respecto a lo planeado. Cambios en el mercado de proveedores, ineficiencias internas, deficiencias informativas o fraude, todo puede ser a partir de una desviación en el comportamiento de nuestros costos predeterminados.

Presupuesto: Un negocio sin presupuesto (un hogar, una escuela, un proyecto cualquiera) ciertamente marcha sin rumbo y desconoce casi todo lo que hemos estado revisando aquí.

El presupuesto es una proyección a corto plazo de cuánto planeamos gastar en cada actividad. Es el resultado de nuestra predeterminación de costos. Siempre habrá diferencias con la realidad pero estas motivarán a la gerencia a enfrascarse en el mejor análisis para desentrañar las causas. Ya sabemos con qué facilidad podemos incurrir en costos innecesarios y cuántas justificaciones se podrían inventar.

Un control de presupuesto eficaz, efectivo, directo a los costos relevantes y a las causas y condiciones que provocan cualquier desviación, es un arma imprescindible para la gestión del negocio.

Punto de equilibrio

En materia de costos e ingresos totales, el punto de equilibrio es aquel donde ambos se igualan y el resultado del negocio es neutro, ni pérdidas ni ganancias.

No tendremos ganancias hasta tanto nuestras ventas superen el punto de equilibrio, mientras estemos por debajo nos encontramos en pérdida. Por este motivo muchos nombran al punto de equilibrio como el *umbral de la rentabilidad*.

Para poder establecer el punto de equilibrio de mi negocio debo haber realizado un estudio de muchos de los costos que hemos revisado hasta aquí. Esenciales en este sentido los Costos fijos, costos variables, dependiendo del método también los costos unitarios.

Método de ecuacion de *ventas*

Ventas totales = Costos totales[8]

Descomponiendo los costo totales en sus dos partidas tenemos:

Ventas totales = Costos fijos + Costos variables

Pasando los costos variables al otro lado de la ecuación (con signo contrario)

Ventas totales – Costos variables = Costos fijos

Representemos con la letra **Q** la cantidad de productos o servicios que necesitamos vender. De esta forma las ventas totales pueden expresarse como el valor promedio unitario de un producto o servicio multiplicado por la cantidad total de productos o servicios. El mismo razonamiento podemos aplicar a los costos variables:

Venta unitaria x Q = Ventas totales
Costo unitario variable x Q = Costos variables

---

[8] Ventas totales = Costos totales es la propia definición de Punto de equilibrio, una situación donde la ganancia contable es igual a cero.

Sustituyendo en la ecuación original tenemos:

Venta unitaria x Q – Costo unitario variable x Q = Costos fijos

Por factor común:

Q (Venta unitaria – Costo unitario variable) = Costos fijos

Despejando **Q** tendremos la fórmula que nos interesa:

$$Q = \frac{\text{Costos fijos}}{\text{Venta unitaria} - \text{Costo unitario variable}}$$

Vamos a utilizar los valores que hemos venido viendo en los ejemplos anteriores:

Ventas totales = 10000
Valor de venta unitario (Precio de venta promedio) = 3.13

$$\text{Cantidad de productos vendidos} = \frac{\text{Ventas totales}}{\text{Valor de venta unitario}}$$

Cantidad de productos vendidos = 3194
Costos totales = 9000
Costos fijos = 3000
Costos variables = 6000

$$\text{Costo unitario variable} = \frac{\text{Costos variables}}{\text{Cantidad de productos vendidos}}$$

Costo unitario variable = 1.88

Cuando ponemos los valores en la ecuación de Punto de equilibrio:

$$Q = \frac{3000}{3.13 - 1.88} = 2400$$

Lo que queremos saber. Este negocio comienza a obtener ganancia a partir de los 2400 productos o servicios vendidos. Expresado en valores de venta tendremos que comercializar mínimo (2400 x precio promedio de venta 3.13) $ 7512.0. Menos representa pérdida contable.

En nuestro caso nuestras ventas llegaron a los 10000.0. Rebasamos el punto de equilibrio o umbral de rentabilidad y obtuvimos ganancias, según el ejemplo, de 1000 dolares.

Para que este importante cálculo sea confiable evidentemente tendremos que conocer muy bien nuestro negocio, saberlo de memoria, mantenernos actualizados acerca de los cambios y efectos sobre nuestros precios de ventas, volúmenes de producción o servicios, costos en toda su estructura, de lo contrario no estaremos administrando, sino más bien apostando a la buena suerte.

Método gráfico

Aunque estos cálculos son relativamente sencillos y pueden automatizarse empleando una hoja excel, suele decirse que una imagen habla más que mil palabras. Visualizar el punto de equilibrio en un gráfico ayuda mucho a su comprensión y exposición.

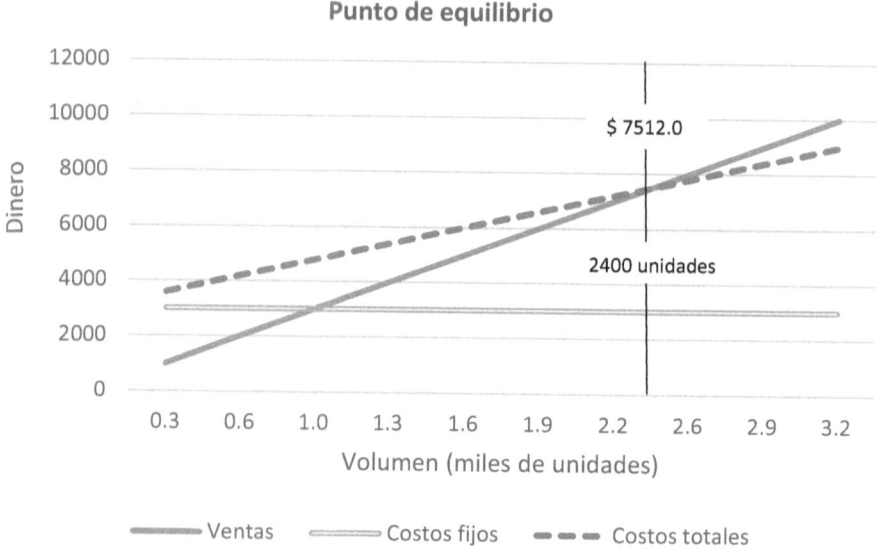

En este podemos apreciar perfectamente como al iniciar nuestras operaciones de ventas nos encontramos por debajo de los Costos fijos y francamente en pérdida. Al llegar a las 1000 unidades vendidas las ventas se equiparan a los costos fijos pero aún seguimos en perdida. No es hasta las 2400 unidades, 7512.0 dolares en ventas que llegamos al umbral de rentabilidad, de ahí en adelante la curva de ventas indica que estamos teniendo ganancias.

Sabido esto podriamos hacernos nuevas preguntas. ¿Cuál es nuestro promedio de ventas diário o cómo se distribuye nuestra venta durante el período? Cambiando la pregunta, ¿Cuánto demoramos en alcanzar el punto de equilibrio? ¿Qué podemos hacer para agilizar las ventas?

Capítulo 4: Rendimiento de mi inversión

Aunque un buen análisis de ventas, ganancias, situación de los costos, es capaz por sí mismo de revolucionar la manera en que administramos nuestro negocio, este es sólo un punto de partida. En contabilidad se le denomina Estado de Ganancias y Pérdidas o, simplemente, *Estado de Resultado*.

Por lo general es una evaluación de períodos a corto plazo pero, si deseamos crecer, invertir, obtener financiamiento, en suma, mantenernos y consolidarnos en el mercado, este análisis es francamente insuficiente.

Una pregunta realmente curiosa que todo empresario pudiera hacerse es: **¿La inversión que hemos hecho** (el total de nuestros activos en forma de equipamiento, infraestructura, materias primas y materiales, efectivo en caja y banco, pagos anticipados, etc.) **están generando la ganancia que esperamos?**

La respuesta a esta pregunta es lo que conocemos como *Retorno de la Inversión*, o técnicamente hablando **Rentabilidad Económica** del negocio.

Dos negocios pueden exhibir identico Estado de Resultado: 1000 dolares de ganancia para retomar el ejemplo del capítulo 2. ¿Cuánto tiene invertido cada uno? Es fundamental responder a esta cuestión para evaluar el atractivo y el éxito de cada negocio. La relación entre lo que inviertes y lo que ganas es importante para saber como marchamos, compararnos con otros actores del mercado y tener idea de la manera en que somos vistos por inversionistas e instituciones financieras con las que vamos a trabajar si deseamos crecer.

Tan relevante es esta relación que los economístas la llaman la **"Reina de las razones"**. Es decir, la relación entre variables económicas más importante.

Usualmente lo expresamos en unidad monetaria de ganancia por cada peso de Activos Totales promedio. Diríamos: por cada peso de Activo invertido el negocio obtiene 0,27 centavos de Utilidad antes de Intereses e Impuestos. Otra forma sería hablar de porcentajes y estaríamos diciendo que nuestro retorno de inversión es del 27 % de ganancia durante el período que analizamos.

Lo siguiente entonces es la expresión matemática de la Rentabilidad Económica:

$$\frac{\text{Utilidades antes de Intereses e Impuesto}}{\text{Activos Totales promedio}^9}$$

La Rentabilidad Económica cuenta con otra manera de cálculo que se conoce como **Ecuación fundamental de la Rentabilidad Económica (RE)**. Esta fórmula nos va a permitir comprender mejor, vista por dentro, dicha rentabilidad:

> **RE** = Margen sobre las Ventas X Rotación de los Activos Totales

Esta razón establece una relación directamente proporcional entre el grado en que circulamos nuestros Activos y el margen que obtenemos. Puro sentido común: si nuestro margen de ganancia es mayor y movemos más nuestros activos evidentemente la salud de la inversión será mejor.

El Margen sobre las Ventas vimos como se calcula en el capítulo 2. Retomando la expresión:

---

[9] Activos totales promedio no es más que la suma del valor de nuestros activos al inicio y al final del período que análisamos (mes, trimestre, semestre, año) dividido entre dos. De esta manera tenemos una muestra más representativa de la cantidad de activos durante este tiempo.

$$\frac{\text{Utilidades antes de Intereses e Impuesto}}{\text{Ventas Netas}}$$

La Rotación de los Activos Totales usualmente se expresa en Veces que rotamos nuestros activos y se calcula así:

$$\frac{\text{Activos Totales promedio}}{\text{Ventas Netas}}$$

La Rotación de los Activos Totales no es más que la intensidad con que usamos nuestros activos. Un capital ocioso no produce beneficios.

El efectivo hay que ponerlo a trabajar, mejor invertido que almacenado en el banco sirviendo a otro negocio que no es nuestro. El equipamiento tendrá que estar en función de producir bienes y servicios, los inmuebles apoyando la logística de distribución y ventas. Cuando esto sucede nuestro activo circula, rota, se mueve y genera un retorno de inversión considerable. Está todo encadenado en función mayor producción y beneficio al cliente, y así ha de ser.

Por lo general muchos empresarios no hacen este análisis, mantienen cantidades de dinero inmovilizado en los bancos apostando a sus bajas tasas de interés por no saber o no querer invertir, compran equipamiento para sostener funciones administrativas sin meditar en su impacto económico, cuentan con locales realmente innecesarios al proceso productivo y, aunque ninguno de estos activos está produciendo ganancias, todos continuan generando gastos (cargos financieros, depreciación, mantenimiento, insumos variados, salarios, etc.) ¿Resultado? Menor rotacion de activos, menor margen de ganancia, altos costos de oportunidad e inactividad: perdidas económicas.

Capítulo 5: Rendimiento financiero

Si observamos cuánto hemos avanzado desde que comenzamos por evaluar nuestras ventas, ganancias, situación de los costos, hasta llegar al rendimiento de la inversión, ciertamente hemos recorrido un trecho enorme. Conocemos mucho mejor nuestro negocio, somos capaces de tomar decisiones informadas y asumir riesgos razonables e, incluso, sabemos cuán atractivo es el negocio de cara a inversionistas y fuentes financieras, y esto es importante.

La curva de vida de los mercados que tomamos en consideración casi en las primeras páginas nos da la idea que un negocio es similar a *Surfing*. No puedes vivir la emoción de este deporte si no sabes nadar, pero lo que realmente importa es acompañar la cresta de la ola. Tenemos que saber crecer con el mercado porque es imposible quedarse en el mismo sitio dentro de un entorno más que dinámico casi turbulento.

Avanza, creces, te diversificas…, o retrocedes y eres uno más de los tantos que llenan las estadísticas de negocios muertos (nos sorprendería cuán alta es la tasa de mortalidad de los negocios, casi todos vamos a vivir más que cualquier negocio y por lo mismo veremos desaparecer muchos de ellos)

Uno de los recursos más necesarios para conseguir ese crecimiento es el financiamiento ajeno. Saber utilizar con inteligencia el dinero de otros (la cantidad correcta, a los costos o intereses correctos) es fundamental y muchos puedan dar testimonio de cómo salvaron o hundieron sus iniciativas emprendedoras.

El mercado sube y baja, la macroeconomía tiene sus ciclos, nos ofrecen dinero constantemente y es interesante utilizarlo.

Para algunos deuda es sinónimo de calamidad. Se inquietan cuando deben dinero, crecieron pensando "no le debas a nadie". Este grupo de administradores pide poco o ningún dinero y se apura en pagar sin aprovechar los términos del préstamo (no importa si nos ofrecen 0 % de interés) o coordinar sus pagos con los ingresos del negocio (lo ideal es pagar después que cobramos).

Esta desconfianza implica que el negocio pierde eficiencia, ignora oportunidades, anda lento y "se le escapan las olas".

Otros se encuentran en el extremo que asusta y justifica no pedir dinero prestado. Son los que se sobreendeudan, no tienen presupuesto, gastan sin atender a sus ingresos y al final, pues sobreviene la quiebra, se embarcan en el mantenimiento de altísimos costos financieron por cuenta de sus deudas.

Sucede entonces que un negocio que viene operando muy bien, grandes ganancias y un Retorno de Inversión envidiable, pierde parte de este éxito económico pagando intereses.

¿Cuál sería la proporción idónea entre dinero propio y ajeno? ¿El dinero prestado esta impulsando el negocio o resulta en un lastre?

Hasta ahora hemos evaluado nuestro **Resultados en Operaciones**, pero ¿qué pasa con nuestras ganancias cuando pagamos intereses e impuestos? A nosotros nos interesa mucho más el **Resultado Financiero**, y esto va a depender mucho de la inteligencia con que usamos nuestro propio dinero y las fuentes externas de financiamiento.

¿Rinde satisfactoriamente nuestro Patrimonio? (de aquí hemos extraido todos los financiamientos ajenos que representa futuras obligaciones de pago)

La Rentabilidad financiera o rendimiento del Financiamiento Propio se calcula como:

$$\frac{\text{Utilidad Neta}}{\text{Financiamiento Propio promedio}^{10}}$$

Usualmente decimos que cada peso de financieamiento propio invertido rinde un porcentaje de ganancia.

Otra manera de razonar este asunto es preguntarnos si el grado de endeudamiento y costo de la deuda es adecuado e impulsa los resultados del negocio o, por el contrario, el costo de la deuda es excesivo y disminuye los resultados alcanzados en operaciones.

Para comprender mejor veamos una variante de la Ecuación Fundamental de la Rentabilidad Financiera:

$$RF = Re + L(Re - Kd)$$

Dónde:
Rf – Rentabilidad Financiera.
Re – Rentabilidad Económica.
L – Grado de Endeudamiento (Financiamiento Ajeno / Patrimonio)
Kd – Costo de la Deuda (Intereses)

---

[10] Financiamiento propio promedio es la suma del valor de nuestro Patrimonio al inicio y al final del período que análisamos (mes, trimestre, semestre, año) dividido entre dos. De esta manera tenemos una muestra más representativa del Patrimonio en el tiempo.

Como se aprecia ahora mejor, la Rentabilidad Financiera es la sumatoria de la Rentabilidad Económica más el efecto multiplicador de un alto grado de endeudamiento con un costo de deuda bajo. Si el costo de la deuda es excesivo entonces resta a la Rentabilidad Económica y el Resultado Financiero (en definitiva el más importante) es inferior al Resultado en Operaciones.

Si nuestro grado de Endeudamiento es cero, Rentabilidad Financiera y Económica serán iguales.

Si nuestro grado de endeudamiento genera un costo de deuda superior a la Rentabilidad Económica, entonces la Rentabilidad Financiera será menor que la Rentabilidad en Operaciones. Si el grado de endeudamiento genera un costo de deuda inferior a la Rentabilidad Económica, la Rentabilidad Financiera será mayor que la Rentabilidad en Operaciones y la administración financiera habrá sido eficaz aportando valor a la Utilidad Neta.

A la porción de la ecuación: L(Re – Kd) se le denomina **Factor de Apalancamiento Financiero**. Apalancamiento Financiero = Gestión eficaz del financiamiento ajeno.

Pensemos en una situación hipotética donde con una Rentabilidad Económica constante vamos aumentando nuestro grado de endeudamiento a la vez que conseguimos ir reduciendo los intereses que pagamos (ver siguiente tabla)

	RF	RE	L	RE	Kd
2013	0.155	0.27	0.5	0.27	0.5
2014	0.192	0.27	0.6	0.27	0.4
2015	0.249	0.27	0.7	0.27	0.3
2016	0.326	0.27	0.8	0.27	0.2
2017	0.423	0.27	0.9	0.27	0.1

De acuerdo a los valores de la tabla tendríamos los siguientes resultados de Factor de Apalancamiento:

	Factor de Apalancamiento Financiero
2013	-0.115
2014	-0.078
2015	-0.021
2016	0.056
2017	0.153

Visto gráficamente el Factor de Apalancamiento Financiero mostraría la siguiente curva.

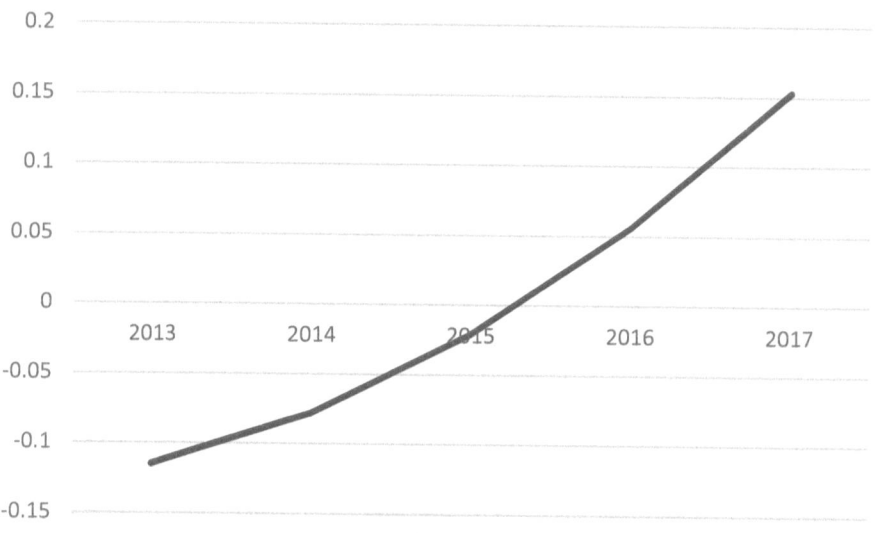

Es decir, el apalancamiento financiero del negocio es positivo por primera vez en 2016 y a partir de aquí la gerencia financiera está apoyando e incrementando los resultados alcanzados en la operación comercial.

Brecha entre la Rentabilidad Económica y la Rentabilidad Financiera

El análisis de esta brecha puede permitirnos valorar si la estructura de financiamiento que está empleando la empresa es la mejor o, por el contrario, consume la rentabilidad lograda en operaciones.

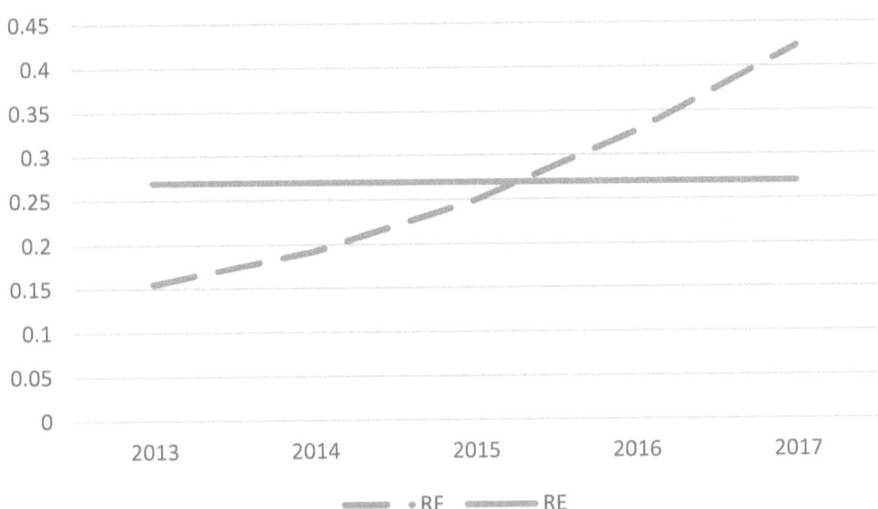

Puede verse que sólo a partir de 2016 la Rentabilidad Financiera es superior a la Rentabilidad Económica, o lo que es lo mismo, del 2016 en adelante la empresa logra una estructura de financiamiento (proporción entre financiamiento propio y ajeno) beneficiosa. Antes, el logro productivo, la Utilidad neta en Operaciones, se veía reducida por gastos financieros disminuyendo el valor de la empresa.

Este negocio logra entonces mostrar buenos resultados a nivel de Operaciones y a nivel Financiero. Esto es una excelente señal.

En resumen, entendemos que la empresa posee un excelente Apalancamiento Operativo (maneja muy bien el riesgo comercial: cambios de precios, disminuciones de niveles de ventas en servicios determinados, pérdidas de

Clientes, etc.; nuestra cartera diversificada nos permite paliar estos riesgos) y un Apalancamiento Financiero en vías de consolidación (la gestión de los financiamientos ajenos, endeudamiento, calidad de la deuda, pueden mejorar mucho si las condiciones son propicias)

Razones de Apalancamiento

El uso de financiamientos externos, el endeudamiento, resulta un tema tan interesante que vamos a dedicarle par de análisis adicionales.

Razón de endeudamiento: Se expresa usualmente en % interpretándose como cuánto representa en financiamiento ajeno en nuestro esquema de financiamiento total. Se calcula:

$$\frac{\text{Financiamiento Ajeno (Pasivo Total)}}{\text{Financiamiento Total}}$$

A mayor endeudameinto mayor riesgo financiero, menos autonomía, pero más beneficio esperado si se cumplen nuestras expectativas de rendimiento económico. Mayor riesgo, mayor beneficio, estimula el crecimiento de la empresa si es que nuestra estrategia es ser agresivos.

Calidad de la deuda: Se expresa usualmente en % interpretándose como cuánto representan las deudas a corto plazo, respecto a las deudas totales. Se calcula:

$$\frac{\text{Exigible a Corto Plazo (Pasivo Circulante)}}{\text{Financiamiento Ajeno (Pasivo Total)}}$$

Una deuda de mayor calidad significa que nuestras obligaciones de pago no son inmediatas, lo que nos da mayor capacidad financiera y operativa.

Capítulo 6: Disponibilidad de efectivo

Con todo lo dicho hasta aquí aún nos falta responder una pregunta muy querida por todos:

¿Tenemos dinero?

Los resultados económicos financieros pueden verse muy bien en un estado financiero, pero no suponen flujo de efectivo, nuestras ventas pueden estar por cobrar, nuestro dinero puede estar guardado en un almacen en forma de viveres o inventario esperando ser comprado...)

Razones de Liquidez

Las razones de Liquidez son formulas muy sencillas para responder a esta pregunta.

Liquidez General

$$\frac{\text{Activo Circulante}^{11}}{\text{Pasivo Circulante}^{12}}$$

Se calcula que el Activo Circulante debe ser 2 veces, o sea duplicar el Pasivo Circulante. Si cuando efectuamos esta división obtenemos una cifra en torno a 2

---

[11] Como Activo Circulante entendemos todo nuestro efectivo disponible en caja y banco, así como el efectivo realizable, especificamente lo que está por cobrar, más nuestros inventarios, producción terminada o en proceso. Son activos que se mueven en mayor o menor medida.

[12] Nuestro Pasivo Circulante comprende nuestras cuentas por pagar, nóminas por pagar, obligaciones impositivas, cobros anticipados, etc.

podríamos pensar que estamos en condiciones de cubrir nuestras obligaciones con seguridad y no declararnos en una situación de impago.

Liquidez Inmediata o Prueba Ácida

Claro que en otras épocas era normal realizar trueques y pagar nuestras obligaciones intercambiando mercancías pero realmente hoy eso no es usual. Por tanto, la Liquidez General podría confundirnos puesto que contiene dentro del total de Activos Circulante el valor de nuestros inventarios en almacén.

Por este motivo los contadores idearon una manera de afinar el cálculo, la que llamaron *Prueba Ácida*, sugiriendo que vamos a descubrir lo que realmente importa.

$$\frac{\text{Activo Circulante - Inventarios}}{\text{Pasivo Circulante}}$$

Para la Prueba Ácida los valores óptimos de estiman entre 0,5 y 0,8.

En otras palabras, nuestro efectivo y cuentas por cobrar deben abarcar entre el 50 al 80 porciento de nuestras obligaciones de pago a corto plazo. Si tenemos menos que esto existe riesgo de impago de nuestra parte, más apuntaría a tesorería ociosa, dinero sin movimiento (recordamos de capítulos anteriores que activo que no rota no genera beneficio - Rentabilidad Económica)

Liquidez Inmediata

Con la Prueba Ácida todavía estamos contando con las cuentas por cobrar, lo cual entraña cierto riesgo en algunos mercados donde la gestión de cobro y la edad de las cuentas por cobrar a veces son un auténtico dolor de cabeza.

Con la Liquidez Inmediata resolvemos este problema.

$$\frac{\text{Cuentas de Efectivo (Caja y Banco)}}{\text{Pasivo Circulante}}$$

La razón de Disponibilidad o Liquidez Inmediata debe mostrar un valor medio óptimo según especialistas entre 0,3 a 0,5. Esta simple formula nos dice si contamos o no con efectivo suficiente para cubrir nuestras obligaciones a corto plazo.

Razón de Solvencia

Puedo tener dinero suficiente para cubrir mis obligaciones a corto plazo pero, ¿vale mi negocio lo suficiente como para cubrir el total de mis obligaciones, a corto y largo plazo?

Esta pregunta es importante pues representa el grado de confianza que será tenido en cuenta por Bancos, Inversionistas y posibles socios con quienes querramos aliarnos. Nuestro dinero, equipos, infraestructura, deben poder cubrir el total de nuestras deudas a corto y largo plazo. Si es así decimos que somos solventes y nuestros acreedores no tienen que temer.

La Razón de Solvencia se calcula:

$$\frac{\text{Activo Total}}{\text{Pasivo Total}}$$

Se interpreta del siguiente modo: por cada peso de pasivo, el negocio cuenta con cierta cantidad de activo para hacer frente.

Cuando calculamos la solvencia dejamos fuera el capital contable de los dueños, se espera no tener que emplear estos fondos, a no ser con carácter de inversión.

Equilibrio Financiero

Para que podemos afirmar que un negocio se encuentra equilibrado financieramente la Liquidez y Solvencia deben ser positivas.

No obstante podemos indagar un poco más acerca de si la proporción entre financiamiento propio y ajeno es equilibrada.

En la literatura sobre el tema se recoge que la proporción de cada tipo de financiamiento debe estar entre 40 % y 60 %, cualquier combinación en este marco.

Sin equilibro o nos arriesgamos en exceso y no tenemos autonomia, o vamos lentos abusando de nuestros fondos propios mientras probablemente la competencia invierte y nos aventaja.

Capítulo 7: Fondo de maniobra

Después que pago todas mis obligaciones en el corto plazo, ¿con cuánto activo circulante me quedo para maniobrar? ¿Empleo intensamente estos fondos o se mantienen ociosos sin rendir beneficios?

Esta pregunta es básica y se impone después que resolvimos la cuestión de la Liquidez. Recordamos que la Rentabilidad Económica depende tanto del margen de ganancia como de la intensidad con que movemos nuestro dinero, y el único activo que podemos reinvertir es el que nos queda disponble después de pagar nuestras obligaciones.

El Capital de Trabajo o Fondo de Maniobra de calcula así:

> Capital de Trabajo = Activo Circulante - Pasivo Circulante

Capital de Trabajo y Liquidez general están estrechamente vinculados, sólo que aquí obtenemos un monto de activos que nos queda libre para invertir. Vuelve a ser interesante vigilar la rotación o circulación de este capital. El modo de calcular la rotación del Capital de Trabajo es:

$$\frac{\text{Ventas Netas}}{\text{Capital de trabajo promedio}}$$

Para rotar, mover el Capital de Trabajo o Fondo de Maniobra, se necesita por supuesto un espíritu emprendedor que sepa dónde invertir el dinero libre que deja el negocio, pero también un Capital de Trabajo de calidad. Un Capital de Trabajo compuesto mayormente de cuentas por cobrar no se puede utilizar, no se mueve, no rinde beneficio.

Capítulo 8: Eficiencia operativa

Última pregunta del libro, que se desprende de nuestra revisión económica del negocio:

¿Cuánto demora nuestro negocio, una vez que desembolsamos el efectivo, en producir dinero de retorno?

Ciclo de conversión de efectivo

De que comenzamos a gastar a que el dinero regresa, cuánto toma convertir nuestros gastos en efectivo en caja. A esta pregunta se le conoce como **Ciclo de conversión de efectivo** y es una cuestión esencial para la vida del negocio.

Para responderla tendremos que tener en cuenta:

- ✓ ¿Cuánto demoramos en vender?
- ✓ ¿Cuanto demoramos en cobrar?
- ✓ ¿Cuánto demoramos en pagar?

Que acortemos el Ciclo de Conversión de Efectivo es positivo para la Liquidez Disponible pues representa menos tiempo desde que sale el efectivo hasta que regresa, en el mejor de los casos incrementado.

Se calcula de la siguiente manera, todas las relaciones se expresan en días:

Ciclo de Conversión del Efectivo = Plazo promedio de Inventario + Plazo promedio de cuentas por cobrar - plazo promedio de cuentas por pagar

Plazo Promedio del Inventario

$$\frac{\text{Consumo Material / Cantidad de días del período}}{\text{Inventario promedio del período}}$$

Plazo Promedio de Cuentas por Cobrar

$$\frac{\text{Cuentas por Cobrar}}{\text{Ventas / Cantidad de días del período}}$$

Plazo Promedio de Cuentas por Pagar

$$\frac{\text{Cuentas por Pagar}}{\text{Compras / Cantidad de días del período}}$$

Por supuesto, aunque debemos esforzarnos por ser buenos pagadores y crearnos una reputación como tal entre los proveedores, como regla debemos pagar siempre después que cobramos, así nos financiamos con el crédito comercial de nuestros proveedores, al tiempo que estamos financiando a nuestros clientes.

Conclusiones

Un pequeño libro como este, que podemos leer de una vez, no pretende agotar las preguntas económicas que del negocio podemos hacernos pero si aspira a responder algunas de las más relevantes.

Cuando regrese a su negocio y lo examine, observe la siguiente imágen e intente responder a las cuestiones planteadas desde la base. Esta pirámide resume de alguna manera las ideas expresadas en el texto **¡Éxitos!**

www.ingramcontent.com/pod-product-compliance
Lightning Source LLC
Chambersburg PA
CBHW031550210526
45464CB00003B/1242